8º F
24237

Lois et Règlements

SUR LA

POLICE DU ROULAGE

DES MESSAGERIES PUBLIQUES

DES VÉLOCIPÈDES ET DES AUTOMOBILES

mis au courant

ET SUIVIS DE L'INSTRUCTION

sur

L'EMPLOI DE LA BICYCLETTE DANS LA GENDARMERIE

(6 Août 1909)

Ancienne Maison LÉAUTEY

A. LE NORMAND, Successeur

24, Rue Saint-Guillaume, 24

PARIS

Lois et Règlements

SUR LA

POLICE DU ROULAGE

DES MESSAGERIES PUBLIQUES

DES VÉLOCIPÈDES ET DES AUTOMOBILES

mis au courant

ET SUIVIS DE L'INSTRUCTION

sur

L'EMPLOI DE LA BICYCLETTE DANS LA GENDARMERIE

(6 Août 1909)

Ancienne Maison LÉAUTEY

A. LE NORMAND, SUCCESSEUR

24, Rue Saint-Guillaume, 24

PARIS

Table des Matières

— 6 —

Pages.

AVIS

Cet Opuscule, spécialement destiné aux Militaires de la Gendarmerie, a été expurgé de tout ce qu'il n'est pas nécessaire qu'ils connaissent pour bien exercer la Police du Roulage, des Vélocipèdes et des Automobiles.

Ainsi allégé, il sera d'une étude plus facile et épargnera la perte de temps qui résulte toujours de lectures ne correspondant pas à un but pratique.

DÉCRET DU 20 MAI 1903

PORTANT RÈGLEMENT

sur

l'Organisation et le Service de la Gendarmerie

Art. 198. La gendarmerie dresse des procès-verbaux contre les propriétaires des voitures automobiles, cycles ou autres moyens de transport et les entrepreneurs de messageries publiques qui sont en contravention aux lois et règlements d'administration sur la police du roulage, aux arrêtés des préfets et des maires.

Art. 199. Elle contraint les voituriers, charretiers et tous conducteurs de voitures à se conformer à la loi et aux arrêtés concernant la police du roulage.

Art. 200. Suivant le cas, elle dénonce par procès-verbal ou arrête les individus qui, par imprudence, par négligence, par la rapidité de leurs chevaux ou de toute autre manière, ont blessé quelqu'un ou commis quelques dégâts sur les routes, dans les rues ou voies publiques.

. . . .

Art. 296. Les procès-verbaux constatant les contraventions et les délits concernant la police de la grande voirie, du roulage et des messageries publiques doivent être enregistrés en débet dans les trois jours de leur date, à peine de nullité.

Dans le cas où il n'y a pas de bureau d'enregistrement dans la résidence, les procès-verbaux sont adressés au commandant d'arrondissement, qui est chargé de les transmettre au sous-préfet après les avoir fait enregistrer.

Art. 297. Les procès-verbaux constatant des contraventions du ressort des tribunaux de simple police sont essentiellement soumis à la double formalité du timbre et de l'enregistrement en débet.

Art. 298. Les procès-verbaux en matière de roulage et de grande voirie doivent être faits en triple expédition ; deux expéditions sont remises au préfet ou sous-préfet, et la troisième est adressée au commandant de la compagnie, avec indication que cette formalité a été remplie.

Ceux constatant des contraventions qui sont

du ressort des tribunaux correctionnels ou des tribunaux de simple police sont faits en deux expéditions seulement ; l'une est remise au procureur de la République ou à l'officier du ministère public près le tribunal de simple police du canton, l'autre est adressée au commandant de compagnie.

LOI DU 30 MAI 1851

SUR LA POLICE DU ROULAGE

DES MESSAGERIES PUBLIQUES

TITRE PREMIER

DES CONDITIONS DE LA CIRCULATION
DES VOITURES

Art 1ᵉʳ. Les voitures, suspendues ou non suspendues, servant au transport des personnes ou des marchandises, peuvent circuler sur les routes nationales, départementales et chemins vicinaux de grande communication, sans aucune condition de réglementation de poids ou de largeur de jantes.

2. Des règlements d'administration publique déterminent :

§ 1er. Pour toutes les voitures :

1° La forme des moyeux, le maximum de la longueur des essieux et le maximum de leur saillie au delà des moyeux ;

2° La forme des bandes des roues ;

3° La forme des clous des bandes ;

4° Les conditions à observer pour l'emplacement et la dimension de la plaque prescrite par l'art. 3 ;

5° Le maximum du nombre des chevaux de l'attelage que peut comporter la police ou la libre circulation des routes ;

6° Les mesures à prendre pour régler momentanément la circulation pendant les jours de dégel, et les précautions à prendre pour la protection des ponts suspendus.

§ 2. Pour les voitures ne servant pas au transport des personnes :

1° La largeur du chargement ;

2° La saillie des colliers des chevaux ;

3° Les modes d'enrayage ;

4° Le nombre des voitures qui peuvent être réunies en un même convoi, l'intervalle qui doit rester libre d'un convoi à un autre, et le nombre de conducteurs exigé pour la conduite de chaque convoi ;

5° Les autres mesures de police à observer par les conducteurs, notamment en ce qui concerne le stationnement sur les routes, et les règles à suivre pour éviter ou dépasser d'autres voitures.

Sont affranchies de toute réglementation de largeur de chargement les voitures de l'agriculture servant au transport des récoltes de la ferme aux champs et des champs à la ferme ou au marché.

§ 3. Pour les voitures de messageries :

1° Les conditions relatives à la solidité et à la stabilité des voitures ;

2° Le mode de chargement, de conduite et d'enrayage des voitures ;

3° Le nombre de personnes qu'elles peuvent porter ;

4° La police des relais ;

5° Les autres mesures de police à observer par les conducteurs, cochers ou postillons, notamment pour éviter ou dépasser d'autres voitures.

3. Toute voiture circulant sur les routes nationales, départementales et chemins vicinaux de grande communication, doit être munie d'une plaque conforme au modèle prescrit par le règlement d'administration publique

rendu en vertu du n° 4 du premier paragraphe de l'article 2.

Sont exceptées de cette disposition :

1° Les voitures particulières destinées au transport des personnes, mais étrangères à un service public de messageries ;

2° Les malles-postes et autres voitures appartenant à l'administration des postes ;

3° Les voitures d'artillerie, chariots et fourgons appartenant au département de la guerre et de la marine.

(Des décrets du président de la République déterminent les marques distinctives que doivent porter les voitures désignées aux paragraphes 2 et 3, et les titres dont leurs conducteurs doivent être munis.)

4° Les voitures employées à la culture des terres, au transport des récoltes, à l'exploitation des fermes, qui se rendent de la ferme aux champs ou des champs à la ferme, ou qui servent au transport des objets récoltés, du lieu où ils ont été recueillis jusqu'à celui où, pour les conserver ou les manipuler, le cultivateur les dépose ou les rassemble.

TITRE II

DE LA PÉNALITÉ

4. Toute contravention aux règlements rendus en exécution des dispositions des numéros 1, 2, 3, 5 et 6 du premier paragraphe de l'article 2, et des numéros 1, 2 et 3 du deuxième paragraphe du même article, est punie d'une amende de cinq francs à trente francs. (Voir ci-après, art. 17.)

5. Toute contravention aux règlements rendus en exécution des dispositions des numéros 4 et 5 du deuxième paragraphe de l'article 2 est punie d'une amende de six francs à dix francs et d'un emprisonnement d'un à trois jours. En cas de récidive, l'amende pourra être portée à quinze francs et l'emprisonnement à cinq jours.

6. Toute contravention aux règlements rendus en vertu du troisième paragraphe de l'article 2 est punie d'une amende de seize francs à deux cents francs et d'un emprisonnement de six à dix jours.

7. Tout propriétaire d'une voiture circulant sur des voies publiques sans qu'elle soit

munie de la plaque prescrite par l'art. 5 et par les règlements rendus en exécution du nº 4 du premier paragraphe de l'article 2, sera puni d'une amende de six francs à quinze francs, et le conducteur d'une amende d'un franc à cinq francs (1).

8. Tout propriétaire ou conducteur de voiture qui aura fait usage d'une plaque portant un nom ou un domicile faux ou supposé, sera puni d'une amende de cinquante francs à deux cents francs et d'un emprisonnement de six jours au moins et de six mois au plus.

La même peine sera applicable à celui qui, conduisant une voiture dépourvue de plaque, aura déclaré un nom ou domicile autre que le sien ou que celui du propriétaire pour le compte duquel la voiture est conduite.

9. Lorsque, par la faute, la négligence ou l'imprudence du conducteur, une voiture aura causé un dommage quelconque à une route ou à ses dépendances, le conducteur sera con-

----

(1) Une voiture contenant des marchandises et attelée de deux chiens tombe sous le coup de la réglementation établie et doit être munie de la plaque prescrite par les art. 2, 3 et 7 de la loi du 30 mai 1851 et 16 du décret du 10 août 1852. (Cass., 9 mars 1889.)

damné à une amende de trois francs à cinquante francs.

Il sera, de plus, condamné aux frais de la réparation. (Voir ci-après, art. 17.)

10. Sera puni d'une amende de seize francs à cent francs, indépendamment de celle qu'il pourrait avoir encourue pour tout autre cause, tout voiturier ou conducteur qui, sommé de s'arrêter par l'un des fonctionnaires ou agents chargés de constater les contraventions, refuserait d'obtempérer à cette sommation et de se soumettre aux vérifications prescrites.

11. Les dispositions du livre III, titre Ier, chapitre III section 4, paragraphe 2, du Code pénal, sont applicables en cas d'outrages ou de violences envers les fonctionnaires ou agents chargés de constater les délits et contraventions prévus par la présente loi.

12. Lorsqu'une même contravention ou un même délit prévu aux articles 4, 7 et 8, a été constaté à plusieurs reprises, il n'est prononcé qu'une seule condamnation, pourvu qu'il ne se soit pas écoulé plus de vingt-quatre heures entre la première et la dernière constatation.

Lorsqu'une même contravention ou un

même délit prévu à l'article 6 a été constaté à plusieurs reprises pendant le parcours d'un même relais, il n'est prononcé qu'une seule condamnation.

Sauf les exceptions mentionnées au présent article, lorsqu'il aura été dressé plusieurs procès-verbaux de contravention, il sera prononcé autant de condamnations qu'il y aura eu de contraventions constatées.

13. Tout propriétaire de voiture est responsable des amendes, des dommages-intérêts et des frais de réparation prononcés en vertu des articles du présent titre, contre toute personne préposée par lui à la conduite de sa voiture.

Si la voiture n'a pas été conduite par ordre et pour le compte du propriétaire, la responsabilité est encourue par celui qui a préposé le conducteur (1).

14. Les dispositions de l'article 483 du Code pénal sont applicables dans tous les cas où les tribunaux correctionnels ou de simple police prononcent en vertu de la présente loi.

---

(1) Le propriétaire de la voiture circulant sans plaque est personnellement et pénalement responsable de la contravention en même temps que le conducteur. (Cass., 25 août 1881.)

TITRE III.

DE LA PROCÉDURE.

15. Sont spécialement chargés de constater les contraventions et délits prévus par la présente loi les conducteurs, agents voyers, cantonniers, chefs et autres employés du service des ponts et chaussées ou des chemins vicinaux de grande communication commissionnés à cet effet, les gendarmes, les gardes champêtres, les employés des contributions indirectes, agents forestiers ou des douanes et employés des poids et mesures ayant droit de verbaliser, et les employés des octrois ayant le même droit.

Peuvent également constater les contraventions et les délits prévus par la présente loi les maires et les adjoints, les commissaires et les agents assermentés de police, les ingénieurs des ponts et chaussées, les officiers et sous-officiers de gendarmerie, et toute personne commissionnée par l'autorité départementale pour la surveillance de l'entretien des voies de communication.

Les dommages prévus à l'article 9 sont constatés, pour les routes nationales et départementales, par les ingénieurs, conducteurs et autres employés des ponts et chaussées commissionnés à cet effet, et, pour les chemins vicinaux de grande communication, par les agents voyers, sans préjudice du droit réservé à tous les fonctionnaires et agents mentionnés au présent article de dresser procès-verbal du fait de dégradation qui aurait lieu en leur présence.

Les procès-verbaux dressés en vertu du présent article font foi jusqu'à preuve contraire (mais seulement lorsque les gendarmes ont constaté personnellement les faits énoncés). (*Cass.*, *20 janvier* 1893.)

16. Les contraventions prévues par les articles 4 et 6 ne peuvent, en ce qui concerne les voitures publiques allant au trot, être constatées qu'aux lieux de départ, d'arrivée, de relais et de stations desdites voitures, ou aux barrières d'octroi, sauf toutefois celles qui concernent le nombre des voyageurs, le mode de conduite des voitures, la police des conducteurs, cochers ou postillons, et les modes d'enrayage.

17. Les contraventions prévues par les articles 4 et 9 sont jugées par le conseil de pré-

fecture du département où le procès-verbal a été dressé.

Tous les autres délits ou contraventions prévus par la présente loi sont de la compétence des tribunaux.

18. Les procès-verbaux rédigés par les agents mentionnés au paragraphe 1er de l'article 15 ci-dessus doivent être affirmés dans les trois jours, à peine de nullité (1).

19. Les procès-verbaux doivent être *enregistrés* en débet *dans les trois jours de leur date* ou de leur affirmation, *à peine de nullité.*

20. Toutes les fois que le contrevenant n'est pas domicilié en France, la voiture est provisoirement retenue, et le procès-verbal est immédiatement porté à la connaissance du maire de la commune où il a été dressé, ou de la commune la plus proche sur la route que suit le prévenu.

Le maire arbitre provisoirement le montant de l'amende, et, s'il y a lieu, des frais de

---

(1) Abrogé par la loi du 11 juillet 1856, article unique, ainsi conçu :

A l'avenir, les procès-verbaux dressés par les brigadiers de gendarmerie et les gendarmes ne seront, dans aucun cas, assujettis à l'affirmation.

réparation, et il en ordonne la consignation immédiate, à moins qu'il ne lui soit présenté une caution solvable.

A défaut de consignation ou de caution, la voiture est retenue jusqu'à ce qu'il ait été statué sur le procès-verbal. Les frais qui en résultent sont à la charge du propriétaire.

Le contrevenant est tenu d'élire domicile dans le département du lieu où la contravention a été constatée. A défaut d'élection de domicile, toute notification lui sera valablement faite au secrétariat de la commune dont le maire aura arbitré l'amende ou les frais de réparation.

21. Lorsqu'une voiture est dépourvue de plaque, et que le propriétaire n'est pas connu, il est procédé conformément aux trois premiers paragraphes de l'article précédent.

Il en est de même dans le cas de procès-verbal dressé à raison de l'un des délits prévus à l'article **8**.

Il sera procédé de la même manière à l'égard de tout conducteur de voiture de roulage ou de messageries inconnu dans le lieu où il serait pris en contravention, et qui ne serait point régulièrement muni d'un passeport, d'un livret ou d'une feuille de route, à moins qu'il ne justifie que la voiture appartient à une entreprise de roulage ou de messageries, ou qu'il ne résulte des lettres de voiture ou des autres papiers qu'il aurait en sa possession que la voiture appartient à celui dont le domicile serait indiqué sur la plaque.

22. Le procès-verbal est adressé, dans les deux jours de l'enregistrement, au sous-préfet de l'arrondissement (1).

23. S'il s'agit d'une contravention de la compétence du conseil de préfecture, copie du procès-verbal, ainsi que de l'affirmation, quand elle est prescrite, est notifiée avec citation, par la voie administrative, au domicile du propriétaire, tel qu'il est indiqué sur la plaque, ou tel qu'il a été indiqué par le contrevenant, et quand il y a lieu, à celui du conducteur.

Cette notification a lieu dans le mois de l'enregistrement, à peine de déchéance.

Le délai est étendu à deux mois, lorsque le contrevenant n'est pas domicilié dans le dé-

---

(1) Quand il est du ressort du conseil de préfecture; au procureur de la République ou au commissaire du canton, suivant qu'il est du ressort du tribunal correctionnel ou du tribunal de simple police.

partement où la contravention a été constatée; il est étendu à un an, lorsque le domicile du contrevenant n'a pas pu être constaté au moment du procès-verbal.

Si le domicile du conducteur est resté inconnu, toute notification qui lui est faite au
domicile du propriétaire est valable.

24. Le prévenu est tenu de produire, dans
le délai de trente jours, ses moyens de défense devant le conseil de préfecture.

Ce délai court à compter de la date de la
notification du procès-verbal. Mention en est
faite dans ladite notification.

A l'expiration du délai fixé, le conseil de
préfecture prononce, lors même que les
moyens de défense n'auraient pas été produits.

Son arrêté est notifié au contrevenant dans
la forme administrative, dix jours au moins
avant toute exécution. Si la condamnation a
été prononcée par défaut, la notification faite
au domicile énoncé sur la plaque est valable.

L'opposition à l'arrêté rendu par défaut
devra être formée dans le délai de quarante
jours, à compter de la date de la notification.

25. Le recours au conseil d'Etat contre l'arrêté du conseil de préfecture peut avoir lieu
par simple mémoire déposé au secrétariat gé-

néral de la préfecture ou à la sous-préfecture, et sans l'intervention d'un avocat au conseil d'État.

Il sera délivré au déposant récépissé du mémoire, qui devra être immédiatement transmis par le préfet.

Si le recours est formé au nom de l'administration, il devra l'être dans les trois mois de la date de l'arrêté.

26. L'instance à raison des contraventions de la compétence des conseils de préfecture est périmée par six mois, à compter de la date du dernier acte des poursuites, et l'action publique est éteinte, à moins de fausses indications sur la plaque, ou de fausse déclaration en cas d'absence de plaque.

27. Les amendes se prescrivent par une année, à compter de la date de l'arrêté du conseil de préfecture, ou à compter de la décision du conseil d'État, si le pourvoi a eu lieu.

En cas de fausses indications sur la plaque ou de fausses déclarations de nom ou de domicile, la prescription n'est acquise qu'après cinq années.

28. Lorsque le procès-verbal constatant le délit ou la contravention a été dressé par l'un

des agents désignés au paragraphe 1ᵉʳ de l'article 15, le tiers de l'amende prononcée appartient audit agent, à moins qu'il ne s'agisse d'une contravention ou d'un délit prévu aux articles 10 et 11.

Les deux autres tiers sont attribués soit au trésor public, soit au département, soit aux communes intéressées, selon que la contravention ou le dommage concerne une route nationale, une route départementale ou un chemin vicinal de grande communication. Il en est de même du total des frais de réparation réglés en vertu de l'article 9, ainsi que du total de l'amende, lorsqu'il n'y a pas lieu d'appliquer les dispositions du paragraphe 1ᵉʳ du présent article (1).

(1) Ces dispositions ne sont pas applicables aux voitures particulières, ni aux voitures trouvées sur les chemins vicinaux.

r-
r-
se
ax

au
ix
a-
te
un
Il
on
al
li-
é-

—
oi-
les

DÉCRET DU 10 AOUT 1852

portant règlement d'administration publique, en exécution de la loi du 30 mai 1851, sur la Police du Roulage et des Messageries publiques.

TITRE PREMIER

Dispositions applicables à toutes les voitures.

Art 1er. Les essieux des voitures ne pourront avoir plus de 2m,50 (deux mètres cinquante centimètres) de longueur, ni dépasser à leurs extrémités le moyeu de plus de 0m,06 (six centimètres). La saillie des moyeux, y compris celle de l'essieu, n'excédera pas de plus de 0m,12 (douze centimètres) le plan passant par le bord extérieur des bandes. Il est accordé une tolérance de 0m,02 (deux centimètres) sur cette saillie, pour les roues qui ont déjà fait un certain service.

Art. 2. Il est expressément défendu d'employer des clous à tête de diamant. Tout clou de bande sera rivé à plat, et ne pourra, lorsqu'il sera posé à neuf, former une saillie de plus de 0m,05 (cinq millimètres).

2

Art. 3. Il ne peut être attelé : 1° Aux voitures servant au transport des marchandises, plus de cinq chevaux si elles sont à deux roues ; plus de huit si elles sont à quatre roues, sans qu'il puisse y avoir plus de cinq chevaux de file ; 2° aux voitures servant au transport des personnes, plus de trois chevaux si elles sont à deux roues ; plus de six si elles sont à quatre roues (1).

Art. 4. Lorsqu'il y aura lieu de transporter des blocs de pierre, des locomotives ou autres objets d'un poids considérable, l'emploi d'un attelage exceptionnel pourra être autorisé, sur l'avis des ingénieurs ou des agents voyers, par les préfets des départements traversés.

Art. 5. Les prescriptions de l'art. 3 ne sont pas applicables sur les parties de route ou de chemins vicinaux de grande communication affectés de rampes d'une déclivité ou d'une longueur exceptionnelle. Les limites de ces parties de routes ou de chemins sur lesquels l'emploi de chevaux de renfort est autorisé sont déterminées par un arrêt du préfet, sur la proposition de l'ingénieur en chef ou de l'agent voyer en chef du département, et indiquées sur la place par des poteaux portant cette inscription : *chevaux de renfort*. Pour les voitures marchant avec relais

---

(1) Les voitures particulières ne tombent pas sous l'application de cette loi. (Cass., 8 février 1856)

réguliers et servant au transport des personnes ou des marchandises, la faculté d'atteler des chevaux de renfort s'étend à toute la longueur des relais dans lesquels sont placés les poteaux. L'emploi de chevaux de renfort peut être autorisé temporairement sur les parties de routes ou de chemins de grande comunication, lorsque, par suite de travaux de réparation ou d'autres circonstances accidentelles, cette mesure sera nécessaire. Dans ce cas, le préfet fera placer des poteaux provisoires.

Art. 6. En temps de neige ou de verglas, les prescriptions relatives à la limitation du nombre des chevaux demeurent suspendues.

Art 7. Cet article, modifié d'abord par le décret du 24 février 1858, a été remplacé par le décret du 29 août 1863 ainsi conçu :

« Art. 1er. Le ministre des travaux publics détermine les départements dans lesquels il pourra être établi, sur les routes impériales et départementales, des barrières pour restreindre la circulation pendant le dégel.

« Les préfets, dans chaque département, déterminent les routes impériales et départementales, ainsi que les chemins vicinaux de grande communication sur lesquels ces barrières pourront être établies.

« Peuvent seuls circuler pendant la fermeture des barrières de dégel :

« 1° Les courriers de la malle ;

« 2° Les voitures de voyage suspendues étrangères à toute entreprise de messageries ;

« 3° Les voitures non chargées ;

« 4° Les voitures chargées, montées sur roues
à jantes d'au moins 11 centimètres de largeur et
dont l'attelage n'excèdera pas le nombre de chevaux qui sera fixé par le préfet, à raison du
climat, du mode de construction et de l'état des
chaussées, de la nature du sol, du nombre des
roues de la voiture et des autres circonstances
locales.

« Toute voiture prise en contravention aux
dispositions du présent article sera arrêtée et les
chevaux seront mis en fourrière dans l'auberge la
plus rapprochée, le tout sans préjudice de l'a-
mende stipulée à l'art. 4, tit. II, de la loi du
30 mai 1851, et des frais de réparation mentionnés dans l'art. 9 de ladite loi.

« Les préfets rendront compte immédiatement
à notre ministre de l'agriculture, du commerce
et des travaux publics, des mesures qu'ils auront
arrêtées en vertu du présent décret.

« Sont et demeurent rapportés l'art. 7 de notre
décret du 10 août 1852 et l'art. 1er de notre
décret du 24 février 1858. »

Art. 8. Pendant la traversée des ponts suspendus, les chevaux seront mis au pas ; les voituriers ou rouliers tiendront les guides ou le cor-

deau ; les conducteurs et postillons resteront sur leurs siéges.

Défense est faite aux rouliers et autres voituriers de dételer aucun de leurs chevaux pour le passage du pont.

Toute voiture attelée de plus de cinq chevaux ne doit pas s'engager sur le tablier d'une travée, quand il y a déjà sur cette travée une voiture d'un attelage supérieur à ce nombre de chevaux.

Pour les ponts suspendus qui n'offriraient pas toutes les garanties nécessaires pour le passage des voitures lourdement chargées, il pourra être adopté par le ministre des travaux publics ou par le ministre de l'intérieur, chacun en ce qui le concerne, telles autres dispositions qui seront jugées nécessaires

Dans les circonstances urgentes, les préfets et les maires pourront prendre telles mesures que leur paraîtra commander la sûreté publique, sauf à rendre compte à l'autorité supérieure.

Les mesures prescrites pour la protection des ponts suspendus seront, dans tous les cas, placardées à l'entrée et à la sortie de ces ponts.

Art. 9. Tout roulier ou conducteur de voiture doit se ranger à sa droite à l'approche de toute autre voiture, de manière à lui laisser libre la moitié de la chaussée.

Il n'a pas à se déranger pour un cavalier. (*Cass.*, 19 *avril* 1873.)

Art. 10. Il est interdit de laisser stationner sans nécessité sur la voie publique aucune voiture attelée ou non attelée.

Les mots *sans nécessité* constituent les membres de la gendarmerie juges en premier ressort de la nécessité du stationnement. L'interdiction n'est pas absolue et le règlement doit être exécuté avec intelligence et modération.

TITRE II

Dispositions applicables aux voitures ne servant pas au transport des personnes.

Art. 11. La largeur du chargement des voitures qui ne servent pas au transport des personnes ne peut excéder 2^m,50 (deux mètres cinquante centimètres). Toutefois, les préfets des départements traversés peuvent délivrer des permis de circulation pour les objets d'un grand volume qui ne seraient pas susceptibles d'être chargés dans ces conditions. Sont affranchies, conformément à la loi du 30 mai 1851, de toute réglementation de largeur de chargement, les voitures d'agriculture, lorsqu'elles sont employées au transport des récoltes de la ferme aux champs, et des champs à la ferme ou au marché.

Art. 12. La largeur des colliers de chevaux ou autres bêtes de trait ne peut dépasser 0^m,90 (quatre-vingt-dix centimètres), mesurés entre les points les plus saillants des pattes des attelles.

Art. 13. Lorsque plusieurs voitures marchent à la suite les unes des autres, elles doivent être distribuées en convois de quatre voitures au plus, si elles sont à quatre roues et attelées d'un seul cheval ; de trois voitures au plus si elles sont à deux roues et attelées d'un seul cheval ; et de deux voitures au plus si l'une d'elles est attelée de plus d'un cheval. L'intervalle d'un convoi à l'autre ne peut être moindre de cinquante mètres (1).

Art. 14 Tout voiturier ou conducteur doit se tenir constamment à portée de ses chevaux ou bêtes de trait et en position de les guider. Il est interdit de faire conduire par un seul conducteur plus de quatre voitures à un cheval si elles sont à quatre roues, et plus de trois voitures à un cheval si elles sont à deux roues. Chaque voiture attelée de plus d'un cheval doit avoir un conducteur. Toutefois, une voiture dont le cheval est

---

(1) Les préfets pourront restreindre, lorsque la dimension des objets transportés donnera au convoi une largeur nuisible à la liberté ou à la sûreté de la circulation, le nombre de voitures dont cet article permet la réunion en convoi. Leurs arrêtés seront affichés sur les parties de routes auxquelles ils s'appliquent. — Décret du 24 février 1858.

attaché derrière une voiture attelée de quatre chevaux au plus, n'a pas besoin d'un conducteur particulier (1). Les règlements de police municipale détermineront, en ce qui concerne la traverse des villes, bourgs et villages, les restrictions qui peuvent être apportées aux dispositions du présent article et de celui qui précède.

Art. 15. Aucune voiture marchant isolément ou en tête d'un convoi ne pourra circuler pendant la nuit sans être pourvue d'un fallot ou d'une lanterne allumée. Cette disposition pourra être appliquée aux voitures d'agriculture par des arrêtés des préfets ou des maires (2).

---

(1) L'art. 14 s'applique à toute voiture ne servant pas au transport des personnes et circulant sur les routes nationales, départementales ou chemins vicinaux de grande communication, sans distinguer celles conduites par des bœufs et autres animaux et celles conduites par des chevaux. (Cass., 17 novembre 1881.)

(2) Les préfets pourront appliquer, par des arrêtés spéciaux, aux voitures particulières servant au transport des personnes, les dispositions du 1er paragraphe de cet article. — Décret du 24 février 1858.

La lanterne qui éclaire une voiture doit être placée en avant de cette voiture et non dedans. (Cass., 20 juillet 1861.)

L'exception admise par l'art. 15 qui affranchit de l'éclairage les voitures d'agriculture allant de la ferme aux champs ou des champs à la ferme; ou transportant des mottes du lieu de leur dépôt ou de leur manipulation, doit être restreinte aux cas limitativement déterminés par la loi. C'est à tort, en conséquence, que le juge de police acquitte le prévenu dont la voiture a été rencontrée sur une route

Art. 16. Tout propriétaire de voiture ne servant pas au transport des personnes, est tenu de faire placer, en avant des roues et au côté gauche de sa voiture, une plaque métallique portant en caractères apparents et lisibles, ayant au moins 0^m.005 (cinq millimètres) de hauteur, ses nom, prénoms et profession, les noms de la commune, du canton et du département de son domicile.

Sont exceptées de cette disposition, conformément à la loi du 30 mai 1851 : 1° les voitures particulières destinées au transport des personnes, mais étrangères à un service public des messageries ; 2° les malles postes et autres voitures appartenant à l'administration des postes ; 3 les voitures d'artillerie, chariots et fourgons appar-

---

sans être pourvue d'un falot ou d'une lanterne allumée, par le motif que cette voiture était chargée de grains pris chez divers cultivateurs, et que le voiturier la conduisait à un moulin à farine situé dans la campagne. (Cass., 15 février 1879.)

Il faut entendre par nuit le temps qui s'écoule entre le lever et le coucher du soleil. (Cass., 6 février 1886.)

Le conducteur d'une voiture est à bon droit relaxé d'une poursuite pour défaut d'éclairage, quand il est reconstaté que l'extinction de sa lanterne est due à un fait accidentel présentant les caractères de la force majeure. (Cassation, 10 janvier 1879.)

Lorsqu'une voiture a été trouvée sur la voie publique *non éclairée,* le propriétaire dont le nom est inscrit sur la plaque est passible de l'amende, sauf à lui à faire connaître l'auteur de la contravention, si elle ne lui est pas personnelle. (Cassation, 20 février 1874.)

tenant aux départements de la guerre et de la marine. Des décrets du président de la République déterminent les marques distinctives que doivent porter les voitures désignées aux §§ 2 et 3, et les titres dont les conducteurs doivent être munis ; 4° les voitures employées à la culture des terres, au transport des récoltes, à l'exploitation des fermes, qui se rendent de la ferme aux champs ou des champs à la ferme, ou qui servent au transport des objets récoltés, du lieu où ils ont été recueillis jusqu'à celui où, pour les conserver et les manipuler, le cultivateur les dépose ou les rassemble.

La dispense de l'obligation de la plaque réglementaire n'est pas accordée à la simple destination des voitures, mais bien à leur emploi, à leur usage et seulement lorsqu'elles se rendent de la ferme aux champs et des champs à la ferme. Cette exception doit donc, en présence des termes précis et restrictifs de la loi, être limitativement renfermée dans le cas spécial qu'elle prescrit. (*Cass.*, 7 *décembre* 1893.)

TITRE III

Dispositions applicables aux voitures des messageries.

Art. 17. Les entrepreneurs des voitures publiques, allant à destination fixe, déclareront le siège principal de leur établissement, le nombre de leurs voitures, celui des places qu'elles contienment, le lieu de destination, les jours et heures de départ et d'arrivée. Cette déclaration sera faite, dans le département de la Seine, au préfet de police, et, dans les autres départements, aux préfets ou sous-préfets. Ces formalités ne seront obligatoires pour les entrepreneurs actuels qu'au renouvellement de leurs voitures, ou lorsqu'ils en modifieront la forme ou la contenance. Tout changement aux dispositions arrêtées par suite du premier paragraphe du présent article, donnera lieu à une déclaration nouvelle (1).

Art. 18. Aussitôt après les déclarations faites, en vertu des paragraphes 1 et 2 de l'article précédent, le préfet ou le sous-préfet ordonne la visite des voitures, afin de constater si elles sont entièrement conformes à ce qui est prescrit par les articles ci-après, de 19 à 29 inclusivement, et si elles ne présentent aucun vice de constructions qui puisse occasionner des accidents. Cette visite, qui pourra être renouvelée toutes les fois que l'autorité le jugera nécessaire, sera faite en présence du commissaire de police, par un expert nommé par le préfet ou le sous-préfet. L'entrepreneur a la faculté de nommer, de son côté, un expert pour opérer contradictoirement avec celui de l'administration. La visite des voitures ne peut

---

(1) Les voitures louées à des personnes qui les conduisent elles-mêmes ne sont pas considérées comme voitures publiques

être faite qu'à l'un des principaux établissements de l'entreprise; les frais sont à la charge
de l'entrepreneur. Le préfet prononce sur le vu
du procès-verbal d'expertise et du rapport du
commissaire de police. Aucune voiture ne peut
être mise en circulation avant la délivrance de
l'autorisation du préfet.

Art. 19. Le préfet transmet au directeur des
contributions indirectes copie par extrait des au-
torisations par lui accordées en vertu de l'article
précédent. L'estampille prescrite par l'art. 117
de la loi du 25 mars 1817 n'est délivrée que sur
le vu de cette autorisation, qui doit être inscrite
sur un registre spécial.

Art. 20. La largeur de la voie pour les voitures
publiques est fixée au minimum à 1^m,65 (un
mètre soixante-cinq centimètres) entre le milieu
des jantes de la partie des roues reposant sur le
sol. Toutefois, si les voitures sont à quatre
roues, la voie de devant pourra être réduite à
1^m,55 (un mètre cinquante-cinq centimètres). En
pays de montagnes, les entrepreneurs peuvent
être autorisés par les préfets, sur l'avis des ingénieurs ou des agents voyers, à employer des largeurs de voies moindres que celles réglées par les
paragraphes précédents, mais a la condition que
les voies seront au moins égales à la voie la plus
large des voitures en usage dans la contrée.

Art. 21. La distance entre les axes des deux
essieux, dans les voitures publiques à quatre

roues, sera égale au moins à la moitié de la longueur des caisses, mesurées à la hauteur de leur ceinture, sans pouvoir néanmoins descendre au-dessous de 1^m,55 (un mètre cinquante-cinq centimètres).

Art. 22. Le maximum de la hauteur des voitures publiques, depuis le sol jusqu'à la partie la plus élevée du chargement, est fixé à 3^m (trois mètres) pour les voitures à quatre roues, et à 2^m,60 (deux mètres soixante centimètres), pour les voitures à deux roues. — Il est accordé, pour les voitures à quatre roues, une augmentation de 0^m,10 (dix centimètres), si elles sont pourvues à l'avant-train de sassoires et contre-sassoires, formant chacune au moins un demi-cercle de 1^m,15 (un mètre quinze centimètres) de diamètre, ayant la cheville ouvrière pour centre. Lorsque, par application du troisième paragraphe de l'art. 20, on autorisera une réduction dans la largeur de la voie, le rapport de la hauteur de la voiture avec la largeur de la voie sera, au maximum, de 1 3/4. Dans tous les cas, la hauteur est réglée par une traverse en fer, placée au milieu de la longueur affectée au chargement, et dont les montants, au moment de la visite prescrite par l'art. 17, sont marqués d'une estampille constatant qu'ils ne dépassent pas la hauteur voulue; ils doivent, ainsi que la traverse, être constamment apparents. — La bâche qui recouvre le chargement ne peut déborder ces montants, ni la hauteur de la traverse. — Il est défendu d'attacher aucun objet en dehors de la bâche.

Art. 23. Les compartiments des voitures publiques seront disposés de manière à satisfaire aux conditions suivantes :

Largeur moyenne des places, $0^m,48$ (quarante-huit centimètres) ;

Largeur des banquettes, $0^m,45$ (quarante-cinq centimètres) ;

Distance entre deux banquettes, $0^m,45$ (quarante-cinq centimètres) ;

Distance entre la banquette du coupé et le devant de la voiture, $0^m,35$ (trente-cinq centimètres) ;

Hauteur du pavillon au-dessus du fond de la voiture, $1^m,40$ (un mètre quarante centimètres) ;

Hauteur des banquettes, y compris le coussin, $0^m,40$ (quarante centimètres). — Pour les voitures parcourant moins de vingt kilomètres et pour les banquettes à plus de trois places, la largeur moyenne des places pourra être réduite à $0^m,40$ (quarantecentimètres).

Art. 24. Il peut être placé sur l'impériale une banquette destinée au conducteur et à deux voyageurs, ou à trois voyageurs, lorsque le conducteur se placera sur le même siége que le cocher. Cette banquette, dont la hauteur, y compris le coussin, ne dépassera pas $0^m,30$ (trente centimètres), ne peut être recouverte que d'une capote flexible. Aucun paquet ne peut être chargé sur cette banquette.

Art. 25. Le coupé et l'intérieur auront une portière de chaque côté. La caisse de derrière ou la rotonde peut n'avoir qu'une portière ouverte à l'arrière. Chaque portière sera garnie d'un marchepied

Art. 26. Les essieux seront en fer corroyé, de bonne qualité, et arrêtés à chaque extrémité, soit par un écrou assujetti au moyen d'une clavette, soit par une boîte à huile, fixée par quatre boulons traversant la longueur du moyeu, soit pour tout autre système qui serait approuvé par le ministre des travaux publics.

Art. 27. Toute voiture publique doit être munie d'une machine à enrayer agissant sur les roues de derrière et disposée de manière à pouvoir être manœuvrée de la place assignée au conducteur. Les voitures doivent être en outre pourvues d'un sabot et d'une chaîne d'enrayage, que le conducteur placera à chaque descente rapide. Les préfets peuvent dispenser de l'emploi de ces appareils les voitures qui parcourent uniquement des pays de plaine.

Art. 28. Pendant la nuit, les voitures publiques seront éclairées par une lanterne à réflecteur, placée à droite et à l'avant de la voiture.

Art. 29. Chaque voiture porte à l'extérieur dans un endroit apparent, indépendamment de l'estampille délivrée par l'administration des contributions indirectes, le nom et le domicile de l'entrepreneur, et l'indication du nombre des places de chaque compartiment.

Un entrepreneur de voitures publiques peut cumuler cette industrie avec celle de loueur de chevaux et de voitures particulières. Par suite, l'estampille et le laissez-passer, applicables aux voitures publiques, ne doivent pas être exigés des voitures louées à des particuliers et confiées à leur conduite.

Mais celui qui loue des voitures partant à volonté ou d'occasion et qu'il conduit, soit par lui-même, soit par ses domestiques ou préposés, est un entrepreneur de voitures publiques et non un loueur de voitures particulières ; par suite, il est soumis à l'obligation de faire apposer une estam-pille sur ses voitures et de se munir d'un laissez-passer. Le simple loueur, non soumis à cette obli-gation, est celui qui livre des voitures à des particuliers qui les conduisent eux-mêmes. (*Loi du 23 mars 1817, art. 113, 115, 117, et arrêt de la Cour de cassation du 28 mars 1857.*)

Ces sortes de contraventions sont spécialement de la compétence des agents de l'administration des contributions indirectes.

Art. 30. Elle porte à l'intérieur des comparti-ments : 1° le numéro de chaque place ; 2° le prix de la place depuis le lieu du départ jusqu'à celui d'arrivée. L'entrepreneur ne peut admettre dans les compartiments de ses voitures un plus grand nombre de voyageurs que celui indiqué sur les panneaux, conformément à l'art. 29.

Les contraventions commises par les conducteurs de voitures publiques ne peuvent être constatées tant que la voiture est en marche, excepté toutefois celles qui concernent le nombre des voyageurs, le mode de conduite des voitures, la police des conducteurs, cochers ou postillons, et les modes d'enrayage. (*Art. 16 de la loi du 30 mai 1851.*)

Art. 31. Chaque entrepreneur inscrit sur un registre coté et paraphé par le maire le nom des voyageurs qu'il transporte; il y inscrit également les ballots et paquets dont le transport lui est confié. Il remet au conducteur, pour lui servir de feuille de route, une copie de cet enregistrement, et à chaque voyageur un extrait en ce qui le concerne, avec le numéro de sa place.

Art. 32. Les conducteurs ne peuvent prendre en route aucun voyageur, ni recevoir aucun paquet sans en faire mention sur les feuilles de route qui leur ont été remises au point de départ.

Art. 33. Toute voiture publique dont l'attelage ne présentera de front que deux rangs de chevaux pourra être conduite par un seul postillon ou un seul cocher. Elle devra être conduite par deux postillons ou par un cocher et un postillou, lorsque l'attelage comportera plus de deux rangs de chevaux.

Art. 34. Les postillons ou cochers ne pourront, sous aucun prétexte, descendre de leurs chevaux ou de leurs siéges. Il leur est enjoint d'observer, dans les traversées des villes et des villages, les règlements de police concernant la circulation dans les rues. Dans les haltes, le conducteur et le postillon ne peuvent quitter en même temps la voiture tant qu'elle reste attelée. Avant de remonter sur son siége, le conducteur doit s'assurer que les portières sont exactement fermées.

Art. 35. — Lorsque, contrairement à l'art. 9 du présent décret, un roulier ou conducteur de voiture n'aura pas cédé la moitié de la chaussée à une voiture publique, le conducteur ou postillon qui aurait à se plaindre de cette contravention devra en faire la déclaration à l'officier de police du lieu le plus rapproché, en faisant connaître le nom du voiturier d'après la plaque de sa voiture. Les procès-verbaux de contravention seront sur-le-champ transmis au procureur de la République, qui fera poursuivre les délinquants.

Art. 36. Les entrepreneurs de voitures publiques, autres que celles conduites par les maîtres de postes, feront, à Paris, à la Préfecture de police, ou, dans les départements, à la préfecture ou sous-préfecture du lieu où sont établis les relais, la déclaration des lieux où ces relais sont situés et du nom des relayeurs. Une déclaration semblable sera faite chaque fois que les entrepreneurs traiteront avec un nouveau relayeur.

Art. 37. Les relayeurs ou leurs préposés seront présents à l'arrivée et au départ de chaque voiture, et s'assureront par eux-mêmes, et sous leur responsabilité, que les postillons ne sont pas en état d'ivresse. La tenue des relais, en tout ce qui intéresse la sûreté des voyageurs, est surveillée, à Paris, par le préfet de police, et, dans les départements, par les maires des communes où ces relais se trouvent établis.

Art. 38. Nul ne peut être admis comme postillon ou cocher, s'il n'est âgé de seize ans au moins et porteur d'un livret délivré par le maire de la commune de son domicile, attestant ses bonnes vie et mœurs, et son aptitude pour le métier qu'il veut exercer.

Art. 39. A chaque bureau de départ et d'arrivée, et à chaque relais, il y a un registre coté et paraphé par le maire, pour l'inscription des plaintes que les voyageurs peuvent avoir à former contre les conducteurs, postillons ou cochers. Ce registre est présenté aux voyageurs à toute réquisition par le chef de bureau ou par le relayeur. Les maîtres de postes qui conduisent des voitures publiques présentent, aux voyageurs qui le requièrent, le registre qu'ils sont obligés de tenir d'après le règlement des postes.

Art. 40. Les dispositions qui précèdent ne sont

pas applicables aux malles-postes destinées au transport de la correspondance du Gouvernement et du public, la forme, les dimensions, le chargement et le mode de conduite de ces voitures étant déterminés par des règlements particuliers. Les voitures des entrepreneurs qui transportent les dépèches ne sont pas considérées comme malles-postes.

Art. 41. Les voitures publiques qui desservent les routes des pays voisins, et qui partent des villes frontières ou qui arrivent, ne sont pas soumises aux règles ci-dessus prescrites. Elles doivent, toutefois, être solidement construites.

Art. 42. Les articles ci-dessus, de 16 à 38, seront constamment placardés, à la diligence des entrepreneurs des voitures publiques, dans le lieu le plus apparent des bureaux de relais.

Les articles de 28 à 38 inclusivement, seront imprimés à part et affichés dans l'intérieur de chacun des compartiments des voitures.

Art. 44. Les contraventions au présent règlement seront constatées, poursuivies et réprimées conformément aux titres II et III de la loi du 30 mai 1851, sans préjudice des mesures spéciales prescrites par les règlements locaux.

Art. 45. Les ordonnances des 23 décemb. 1816 et 16 juillet 1828 sont et demeurent rapportées.

Arrêté du **29** *février* **1896**, *portant réglementation de la circulation des Vélocipèdes sur les voies publiques.*

LE MINISTRE DES TRAVAUX PUBLICS,

Vu les lois des **22** décembre **1789** et **8** janvier **1790** ;

Vu la loi du **21** mai **1836**, art. **9** ;

Vu la loi du **5** avril **1884**, art. **97** et suivants,

ARRÊTE :

Article premier. — La circulation des vélocipèdes sur toutes les voies publiques, nationales, départementales et communales, est soumise aux règles ci-après énumérées.

Art. 2. — Tout vélocipède doit être muni d'un appareil sonore avertisseur dont le son puisse être entendu à **50** mètres (**1**).

---

(1) Fait une juste interprétation de l'arrêté prescrivant que tout vélocipède doit être muni d'un appareil sonore avertisseur, dont le son puisse être entendu à 50 mètres, le jugement de simple police qui condamne pour infraction au dit arrêté l'individu qui n'a pas fait fonctionner, en passant près des piétons, la trompe dont son vélocipède était muni. (Cass., 18 *février* 1897.)

Dès la chute du jour, il doit être pourvu, à l'avant, d'une lanterne allumée.

Art. 3. — Tout vélocipède doit porter une plaque indiquant le nom et le domicile du propriétaire, ainsi qu'un numéro d'ordre si le propriétaire est loueur de vélocipèdes.

Art. 4. — Les vélocipédistes doivent prendre une allure modérée dans la traversée des agglomérations, ainsi qu'aux croisements et aux tournants des voies publiques.

Ils ne peuvent former de groupes dans les rues.

Il leur est défendu de couper les cortèges et les troupes en marche.

En cas d'embarras, les bicyclistes sont tenus de mettre pied à terre et de conduire leurs machines à la main.

Art 5.— Les vélocipédistes doivent prendre leur droite lorsqu'ils croisent des voitures, des chevaux ou des vélocipèdes, et prendre leur gauche lorsqu'ils veulent les dépasser ; dans ce dernier cas, ils sont tenus d'avertir le conducteur ou le cavalier au moyen de leur appareil sonore et de modérer leur allure.

Les conducteurs de voitures et les cavaliers devront se ranger à leur droite à l'approche d'un vélocipède, de manière à lui laisser libre un espace utilisable d'au moins 1^{m},50 de largeur.

Les vélocipédistes sont tenus de s'arrêter

lorsque, à leur approche, un cheval manifeste des signes de frayeur.

Art. 6. — La circulation des vélocipèdes est interdite sur les trottoirs et contre-allées affectés aux piétons.

Cette interdiction ne s'étend pas aux machines conduites à la main.

Toutefois, en dehors des villes et agglomérations, la circulation des vélocipèdes pourra s'exercer sur les trottoirs et contre-allées affectés aux piétons le long des routes et chemins pavés ou en état de réfection.

Sur tous les trottoirs et contre-allées affectés aux piétons où la circulation des vélocipédistes est autorisée, ceux-ci sont tenus de prendre une allure modérée à la rencontre des piétons et de réduire leur vitesse à celle d'un homme au pas, au droit des habitations isolées.

Art. 7. — La circulation des vélocipédistes peut être interdite par des arrêtés municipaux, temporairement ou d'une façon permanente, sur tout ou partie d'une voie publique.

A chacune des extrémités des espaces interdits, des écriteaux placés et entretenus par la commune donnent avis de l'interdiction.

Art. 8. — Sont rapportés tous arrêtés préfectoraux ou municipaux pris antérieurement pour réglementer la circulation des vélocipèdes dans les diverses communes de la France.

Art. 9. — Les contraventions au présent arrêté seront constatées par des procès-verbaux et déférées aux tribunaux compétents.

Art. 10. — Les sous-préfets, maires, officiers de gendarmerie, ingénieurs et agents des ponts et chaussées, les agents-voyers, les commissaires de police, les gardes champêtres et tous officiers de police judiciaire sont chargés de veiller à l'exécution du présent arrêté.

Le Ministre des travaux publics,

Signé : LEBON.

Les contraventions à cet arrêté tombent sous le coup de l'article 471, § 15, du Code pénal et sont punies de peines de simple police (amende de 1 franc à 5 francs ; en cas de récidive dans l'année, emprisonnement de trois jours au plus).

Il en est de même des contraventions aux arrêtés préfectoraux ou municipaux pris, pour réglementer la circulation des vélcipèdes, postérieurement à l'arrêté ministériel du 29 février 1896.

Loi *de finances du 13 avril 1898, relative*
aux plaques de contrôle.

Tout vélocipéde ou appareil analogue devra
porter une plaque de contrôle. Toute contravention à cette obligation sera punie des
peines de simple police, sans préjudice du
doublement de taxe qui serait encouru pour
défaut ou inexactitude de déclaration. (Article 8.)

Décret *du 10 décembre 1898 portant règle-*
ment d'administration publique, relati-
vement aux plaques de contrôle.

Ces plaques sont délivrées gratuitement par
les percepteurs aux possesseurs de vélocipèdes
inscrits au rôle, immédiatement après la pu-
blication de ce rôle.

Les vélocipèdes doivent être munis d'autant
de plaques de contrôle qu'ils comportent de
places.

Les plaques doivent être fixées sur le tube
de direction des appareils, soit au moyen
d'une lame métallique délivrée en même temps
que la plaque, soit par tout autre procédé.

Pour les vélocipèdes à plusieurs places, la première plaque est fixée sur le tube de direction ; les autres sur les tubes diagonaux du cadre qui supporte chacune des selles à partir de la seconde ; s'il s'agit de vélocipèdes à moteur mécanique comportant plus d'une place, elles sont fixées les unes au-dessous des autres sur le tube de direction.

Les plaques de contrôle doivent toujours être apparentes.

Décret du 10 mars 1899, modifié par celui du 10 septembre 1901, portant règlement d'administration publique sur la police des voitures automobiles.

Art. 1er. — Est soumise aux prescriptions du présent règlement, la circulation, sur la voie publique, des véhicules à moteurs mécaniques autres que ceux servant à l'exploitation des voies ferrées.

SECTION I

AUTOMOBILE AVEC OU SANS AVANT-TRAIN MOTEUR
A BOGGIE OU NON, CIRCULANT ISOLÉMENT

TITRE 1

MESURES DE SURETÉ

Art. 2. — Les réservoirs, tuyaux et pièces quelconques destinés à contenir des produits explosifs ou inflammables seront construits de façon à ne laisser échapper ni tomber aucune matière pouvant causer une explosion ou un incendie.

Art. 3. — Les appareils devront être disposés de telle manière que leur emploi ne présente aucune cause particulière de danger et ne puisse ni effrayer les chevaux, ni répandre d'odeurs incommodes.

Art. 7. — Chaque voiture portera en caractères bien apparents :

1° Le nom du constructeur, l'indication du type et le numéro d'ordre dans la série du type ;

2° Le nom et le domicile du propriétaire.

Si l'automobile est capable de marcher en palier à une vitesse supérieure à 30 kilomètres à l'heure, il sera pourvu de deux plaques d'identité, portant un numéro d'ordre, qui devront toujours être placées à l'avant et à l'arrière du véhicule. Le ministre des travaux publics fixera le modèle de ces plaques, leur mode de pose et leur mode d'éclairage pendant la nuit ; il fixera également le mode d'attribution aux intéressés des numéros d'ordre. (Voir plus loin l'arrêté du ministre des travaux publics en date du 11 septembre 1901.)

. . . .

TITRE III

CONDUITE ET CIRCULATION

Art. 11. — Nul ne pourra conduire un automobile s'il n'est porteur d'un certificat de capacité délivré par le préfet du département de sa résidence, sur l'avis favorable du service des mines.

Un certificat de capacité spéciale sera institué pour les conducteurs de motocycles d'un poids inférieur à 150 kilogrammes.

Art. 12. — Le conducteur d'un automobile sera tenu de présenter à toute réquisition de l'autorité compétente :

1° Son certificat de capacité ;

2° Le récépissé de déclaration du véhicule.

Art. 13. — Les divers organes du mécanisme moteur, les appareils de sûreté, la commande de la direction, les freins et leurs systèmes de commande, ainsi que les transmissions de mouvement et les essieux, seront constamment entretenus en bon état.

Le conducteur devra vérifier fréquemment par l'usage le bon état de fonctionnement des deux systèmes de freinage.

Art. 14. — Le conducteur de l'automobile devra rester constamment maître de sa vitesse. Il ralentira ou même arrêtera le mouvement toutes les fois que le véhicule pourrait être une cause d'accident, de désordre ou de gêne pour la circulation.

La vitesse devra être ramenée à celle d'un homme au pas dans les passages étroits ou encombrés.

En aucun cas, la vitesse n'excédera celle de 30 kilomètres à l'heure en rase campagne et de 20 kilomètre à l'heure dans les agglomérations, sauf l'exception prévue à l'article 31.

Art. 15. — L'approche du véhicule devra être signalée, en cas de besoin, au moyen d'une trompe.

Tout automobile sera muni, à l'avant, d'un feu blanc et d'un feu vert.

Art. 16. — Le conducteur ne devra jamais quitter le véhicule sans avoir pris les précautions utiles pour prévenir tout accident, toute mise en route intempestive, et pour supprimer tout bruit de moteur.

SECTION II

AUTOMOBILES REMORQUANT D'AUTRES VÉHICULES

TITRE IV

MESURES DE SÛRETÉ

Art. 20. — Aucun automobile destiné à remorquer d'autres véhicules ne pourra être mis en service qu'en vertu d'une autorisation du préfet, délivrée après avis du service des mines.

L'autorisation délivrée à la suite de ces vérifications sera valable pour tous les départements.

TITRE V

MISE EN CIRCULATION

Art. 21. — Nul ne pourra faire circuler dans un département des automobiles remorquant d'autres véhicules sans une autorisation délivrée par le préfet de ce département.

La demande devra indiquer :

1° Les routes et chemins que le pétitionnaire a l'intention de suivre ;

2° Le poids de l'automobile, celui de chacun des véhicules chargés et la charge maxima par essieu ;

3° La composition habituelle des trains et leur longueur totale.

Art. **22**. — L'autorisation déterminera les conditions particulières de sécurité auxquelles le permissionnaire sera soumis. indépendamment des prescriptions générales du présent règlement.

TITRE VI

CONDUITE ET CIRCULATION

Art. **23**. — Tout train portera, la nuit, un feu rouge à l'arrière sans préjudice du feu blanc et du feu vert prévus par l'article **15**.

Art. **24**. — La vitesse des trains en marche ne dépassera pas **20** kilomètres à l'heure en rase campagne et **10** kilomètres à l'heure dans les agglomérations.

Art. **25**. — Lorsque les freins des véhicules remorqués ne seront pas actionnés par le mécanicien, la manœuvre de ces freins sera confiée à des conducteurs spéciaux dont le nombre sera proportionné à l'importance du convoi, eu égard aux déclivités du parcours et à la vitesse de marche.

Art. 26. — Le stationnement de trains sur la voie publique ne devra, en aucun cas, gêner la circulation ni entraver l'accès des propriétés.

Pour les services publics de voyageurs, les points de stationnement seront désignés par l'arrêté préfectoral d'autorisation.

Art. 27. — La marche, la conduite et l'entretien des automobiles et des véhicules remorqués seront soumis aux prescriptions des articles 11, 12, 13, aux deux premiers alinéas de l'article 14, ainsi qu'aux articles 15 et 16 du présent règlement.

Art. 28. — Les dispositions du présent règlement, à l'exception des articles 18 à 27, seront applicables aux automobiles remorquant une voiturette dont le poids, voyageurs compris, ne dépasse pas **200** kilogrammes, pourvu que les freins soient capables de servir efficacement pour l'ensemble.

SECTION III

TITRE VII

DISPOSITIONS GÉNÉRALES

Art. 29. — Indépendamment des prescriptions du présent règlement, les automobiles demeureront soumis aux dispositions du règlement sur la police du roulage.

. . . .

Art. 31. — Les courses de voitures automobiles dont le parcours ne comprendra qu'un seul département ne pourront avoir lieu sur la voie publique sans une autorisation spéciale du préfet, sur l'avis des chefs des services de voirie et avec l'agrément des maires des communes intéressées.

Lorsque le parcours d'une course comprendra plusieurs départements, l'autorisation sera délivrée par le Ministre de l'intérieur, sur l'avis des préfets des départements traversés, et donnée avec les mêmes formalités que ci-dessus.

La vitesse pourra excéder celle de 30 kilomètres à l'heure en rase campagne; elle ne pourra en aucun cas dépasser celle dé 20 kilomètres à l'heure dans les agglomérations.

Les frais de surveillance et autres occasionnés à l'administration par la course seront supportés par les organisateurs de celle-ci, qui devront déposer à cet effet une consignation préalable.

Art. **32.** — Après deux contraventions dans l'année, les certificats de capacités délivrés en vertu de l'article 11 du présent règlement pourront être retirés par arrêté préfectoral, le titulaire entendu et sur l'avis du service des mines.

Art. **33.** — Les contraventions aux dispositions qui précèdent seront constatées par des procès-verbaux et déférées aux tribunaux compétents, conformément aux dispositions des lois et règlements en vigueur ou à intervenir.

Arrêté ministériel du **11** *septembre* **1901**, *sur le marquage et l'éclairage des automobiles à grande vitesse.*

Article premier. — Les numéros d'ordre à attribuer aux automobiles capables de marcher en palier à une vitesse supérieure à 30 kilomètres à l'heure seront fixés par l'ingénieur en chef des mines de chaque arrondissement minéralogique.

Le numéro sera porté sur le récépissé de déclaration à remettre à l'intéressé.

Art. 2. — Ce numéro d'ordre sera formé d'un groupe de chiffres arabes suivi de lettres majuscules romaines caractéristiques du service de l'ingénieur en chef.

Le numéro sera reproduit sur les plaques d'identité en caractères blancs sur fond noir avec les dimensions suivantes :

	PLAQUE	
	Avant	Arrière
Hauteur des chiffres ou lettres.	75^{mm}	100^{mm}
Largeur uniforme du trait.....	12	15
Largeur du chiffre ou de la lettre.....................	45	60
Espace libre entre les chiffres ou les lettres...............	30	35
Hauteur de la plaque..........	100	120

Le groupe des chiffres sera séparé des lettres par un trait horizontal placé à moitié hauteur de la plaque, avec les dimensions suivantes :

	PLAQUE	
	Avant	Arrière
Largeur, sens vertical.........	12^{mm}	15^{mm}
Longueur, sens horizontal.......	45	60
Espace libre entre le trait et les chiffres ou les lettres.........	30	35

Art. 3. — Les plaques seront placées de façon à être toujours en évidence dans des plans verticaux perpendiculaires à l'axe longitudinal du véhicule, l'axe de la plaque étant autant que possible sur cet axe longitudinal.

Art. 4. — La plaque d'arrière sera éclairée pendant la nuit par réflexion avec une intensité qui permette de lire le numéro d'ordre aux mêmes distances que le jour.

Toutefois, on pourra, pendant la nuit, substituer à la plaque d'arrière une lanterne qui éclairera par transparence un verre laiteux recouvert d'une plaque ajourée, de manière que les caractères constituant le numéro se détachent en clair sur fond obscur avec les mêmes dimensions que celles indiquées à l'article 2.

Loi *de finances du 30 janvier 1907, relative aux plaques de contrôle des vélocipèdes et automobiles.*

Art. 23. — A partir du 1er janvier 1907, la taxe sur les vélocipèdes sera réduite à 3 francs par place ; elle restera fixée à 12 francs par place pour les vélocipèdes et appareils analogues munis d'une machine motrice. Cette taxe sera perçue à titre d'impôt indirect, dans les conditions ci-après.

Aucun vélocipède ou appareil analogue ne pourra être mis en circulation sans avoir été revêtu d'une plaque fournie par l'administration des contributions indirectes contre payement de l'impôt par le contribuable, qui devra faire connaître en même temps son nom et son adresse.

Les plaques seront renouvelables tous les ans et valables du 1er janvier au 31 décembre. Leur modèle, ainsi que les conditions dans lesquelles elles devront être fixées aux vélocipèdes, seront déterminés par arrêtés ministériels.

Art. 24. — Les contraventions à l'article précédent et aux dispositions des arrêtés ministériels rendus pour son exécution seront constatées par les agents des contributions indirectes et des octrois et par tous autres agents ayant qualité pour dresser des procès-verbaux

en matière de police du roulage. Les vérifications nécessaires à cet effet pourront être effec-
tuées sur la voie publique, dans les établissements ouverts au public et en tous autres lieux
où les agents sus-désignés ont légalement accès.

Les contraventions, constatées et poursuivies
comme en matière de contributions indirectes,
seront déférées aux tribunaux de simple police
et punies d'une amende de 1 à 15 francs, indépendamment du quintuple droit fraudé.

A défaut de caution et de consignation de
l'amende, les vélocipèdes ou appareils analogues seront saisis, mais seulement pour ga-
rantie des condamnations à intervenir.

En cas de procès-verbal rapporté contre in-
connus, la confiscation des machines sera prononcée.

Les directeurs départementaux des contributions indirectes ont fait connaître, après la pro-
mulgation de cette loi, que les procès-verbaux
relatifs aux plaques des vélocipèdes et des automobiles devraient leur être désormais adressés, ou aux sous-directeurs d'arrondissements.

Les autres procès-verbaux de contraventions
aux lois et règlements régissant l'usage des
mêmes machines suivent la voie indiquée dans
les cas d'infractions analogues de la police du
roulage.

Notice *relative à l'impôt sur les vélocipèdes.*

(Art. 23 et 24 de la loi du 30 janvier 1907.)

Sont en contravention les cyclistes qui circulent :

Sans plaque de contrôle ;
Avec un nombre de plaques inférieur à celui des places de l'appareil ;
Avec une plaque d'un modèle autre que celui de l'année en cours ;
Avec une plaque d'un modèle différent de celui que comporte la machine ;
Avec une plaque ne portant pas le poinçon de l'Etat ;
Avec une plaque portant un faux poinçon ;
Avec une plaque qui n'a pas été fixée à l'endroit réglementaire ou qui n'est pas apparente.

La loi autorise les vérifications sur la voie publique, dans les établissements ouverts au public et en tous autres lieux où les agents aptes à verbaliser ont légalement accès. Mais il convient d'éviter tout ce qui pourrait avoir le caractère de vexation. En thèse générale, on ne doit pas, sur les routes ordinaires, obliger un cycliste à s'arrêter pour laisser vérifier sa machine.

A défaut de caution ou de consignation de l'amende (15 fr.), les vélocipèdes trouvés en contravention doivent être retenus. Cependant, quand l'identité du contrevenant est dûment établie et que sa solvabilité peut être présumée, remise lui est faite de l'objet saisi contre l'engagement de le représenter ou sa valeur à toute réquisition, et après apposition, s'il est possible, de la plaque réglementaire.

Les procès-verbaux dressés par les agents étrangers à la régie doivent être remis au service des contributions indirectes.

Instruction réglementant l'emploi de la bicyclette dans la gendarmerie.

Paris, le 6 août 1909.

I. — EMPLOI DE LA BICYCLETTE

L'emploi des bicyclettes comprises dans le matériel au compte de la masse d'entretien et de remonte ou appartenant aux militaires de la gendarmerie qui ont demandé à être autorisés à en posséder et à s'en servir pour le service, sans aucune rémunération spéciale, est entièrement laissé à l'initiative des chefs de brigade, sous la surveillance des commandants d'arrondissement.

Cette initiative devra se développer d'après les principes suivants :

La bicyclette doit permettre de faire dans le même temps, avec le même personnel et avec moins de fatigue, un service plus actif et plus efficace, en étendant le rayon d'action de la surveillance dans chaque tournée.

Le territoire de la circonscription d'un poste de gendarmerie sera divisé en plusieurs secteurs correspondant chacun à un itinéraire différent.

Chaque secteur peut contenir le territoire d'une ou de plusieurs communes, hameaux ou groupes de maisons isolées, ou une portion de ces territoires; il doit aussi contenir un certain nombre de kilomètres de routes ou de chemins facilement praticables à bicyclette.

L'itinéraire permettant de parcourir chaque secteur devra être changé à chaque service et tracé de façon à obliger les gendarmes à battre tout le secteur, tantôt en parcourant rapidement à bicyclette les routes faciles et les terrains bien découverts, tantôt en suivant à pied les chemins de culture, raccourcis ou sentiers, de façon à réellement explorer le terrain composant le secteur.

Dans ces derniers parcours, la bicyclette est conduite par le guidon ou laissée sur un point où l'itinéraire permettra au gendarme de la reprendre au retour.

Aucune limite minimum ou maximum ne doit être fixée pour l'emploi de la bicyclette.

Il importe d'obtenir, par l'emploi de ce mode de transport, un rendement plus élevé que celui donné par le service de surveillance fait entièrement à pied. Les officiers de tout grade devront chercher à l'obtenir sans astreindre l'usage de la bicyclette à aucune règle absolue.

En principe, dans les brigades à cheval, le service ne doit pas être fait à bicyclette. Cette règle comporte toutefois des exceptions qui doivent toujours être soumises à l'approbation du commandant d'arrondissement (gendarme ayant un jeune cheval ou un cheval indisponible ; lorsque le service est surchargé). Cette autorisation exceptionnelle ne doit pas du reste diminuer le service fait à cheval, qui doit rester normal. Rien n'est changé pour le service de planton (art. 80 du service intérieur).

II. — MODE D'EMPLOI ET D'ENTRETIEN

Sauf en cas d'urgence, la vitesse ne doit pas dépasser 12 kilomètres à l'heure.

Les bicyclettes doivent être nettoyées et examinées au point de vue de leur fonctionnement après chaque service.

Une brochure détaillée donne sur la nomenclature, le remontage et le nettoyage des machines appartenant à l'État tous les renseignements nécessaires.

III. — TENUE

La tenue, pour les divers services qui peuvent être faits à bicyclette, sera la suivante :

Tunique (cet effet doit être choisi ample et ne pas gêner la respiration) ;

Pantalon de drap ou de coutil, suivant la saison et la température (le pantalon peut être basané de même étoffe, surtout au fond) ;

Demi-jambières, du modèle adopté pour la tenue à bicyclette;

Pèlerine roulée et placée sur le guidon. Elle tiendra d'autant mieux que le portefeuille sera placé devant;

Brodequins;

Pas d'épée-baïonnette ni de ceinturon;

Revolver, avec son étui et sa courroie de ceinture, porté à gauche, en arrière de la hanche gauche. Si le service comporte une embuscade pour la répression du braconnage, ou la nécessité d'emporter la carabine, cette dernière doit être portée à la grenadière;

Portefeuille de correspondance. Cet effet est, en principe, fixé au guidon par la banderole, enroulée autour de celui-ci autant de fois qu'il est nécessaire.

Si le modèle du frein rend ce placement difficile avec des machines particulières ou en cas de vent debout, le portefeuille est suspendu à la traverse supérieure du cadre, que l'on fait passer en dessous de la patelette de recouvrement, avant de la boucler.

Enfin, et à défaut des deux premiers moyens, le portefeuille peut encore être exceptionnellement porté en bandoulière. Dans ce cas, il est placé à droite, en arrière de la hanche droite, et il est maintenu par la ceinture de revolver, qu'on fait passer sur un des montants de la banderole du portefeuille, pour empêcher le ballottement.

Les hommes appelés à marcher ensemble pour accomplir le même service observent le même mode d'arrimage, toutes les fois que la disposition de leurs machines le permet.

IV. — USAGE

En principe, tous les militaires de l'arme à pied doivent pouvoir faire usage de la bicyclette.

Ceux dont l'âge ou l'état de santé ne permettraient pas ou ne permettraient plus l'usage de la bicyclette, pourront en être dispensés par le chef de légion, sur le vu d'un certificat médical. Cet officier supérieur appréciera d'ailleurs s'il y a des dispenses à accorder pour d'autres causes.

V. — REMISAGE

Si, dans le cours d'un service (par exemple après des arrestations), les bicyclettes deviennent embarrassantes, les gendarmes peuvent, si l'on se trouve dans un lieu habité, les déposer à la mairie ou chez un particulier connu.

VI. — PRIME D'ENTRETIEN, MISE HORS SERVICE, REMPLACEMENT

Il est alloué à la masse d'entretien et de remonte, pour l'entretien et le remplacement des bicyclettes de l'Etat, une prime dont le montant est fixé à 36 francs par bicyclette et par an. Cette prime est perçue mensuellement.

La mise hors service de ce matériel est prononcée comme il est prescrit pour les corps de troupe (art. 37, § 3 de l'instruction sur l'organisation et l'emploi du service vélocipédique dans l'armée), c'est-à-dire par le conseil d'administration, mais seulement après avis du capitaine inspecteur d'armes.

Les demandes de bicyclettes, visées par le sous-intendant militaire chargé de la vérification des comptes des légions, sont transmises par les chefs de légion au Ministre (Direction de la Cavalerie; Bureau de la Gendarmerie) deux fois par an, au commencement du dernier mois de chaque semestre.

TAXE

Les dépenses résultant de la taxe des vélocipèdes des gendarmes à pied autorisés à les utiliser pour le service dans les conditions de la circulaire du 30 septembre 1903, sont imputées sur la masse d'entretien et de remonte. (Circulaire du 30 avril 1907).

Circulaire du 26 mars 1911, sur le dépôt dans les casernements, des bicyclettes dont les militaires sont détenteurs.

Les militaires ne peuvent obtenir aucune indemnité de l'Etat, en cas de détérioration, de destruction ou même de disparition de la machine dont ils sont possesseurs et qu'ils ont été autorisés à déposer dans la caserne.

NOTICE

sur la

BICYCLETTE PLIANTE DE LA SOCIÉTÉ NATIONALE

DESCRIPTION DE LA BICYCLETTE

La bicyclette pliante se compose :

1° Du cadre pliant ;
2° Des roues ;
3° Du mouvement de transmission ;
4° De la selle ;
5° Des bretelles de suspension ;
6° Des accessoires.

§ 1er. — *Le Cadre pliant.*

Le cadre est disposé de telle sorte que, la bicyclette étant montée, les axes des deux roues se trouvent à 99 centimètres l'un de l'autre.

Le cadre comprend :

1° La *Douille de direction*, de 132 millimètres de longueur ;

2° Les *deux Tubes de jonction* qui portent le système de pliage.

Ces deux tubes en acier étiré de 48 centim. 5 de longueur et de 22 millimètres de diamètre, sont réunis au tube de direction au moyen de raccords brasés sur ces tubes. Ils sont coupés en forme de biseau : le tube supérieur en arrière du pivot de pliage. le tube inférieur en avant de ce pivot.

La partie du tube à l'endroit des biseaux est renforcée par une légère tôle en acier bouchant les coupures de ces tubes.

Les biseaux sont recouverts par des manchons de serrage de 6 centimètres 5 de longueur, fendus sur toute leur longueur.

Ils sont soumis chacun de deux oreilles et d'une vis à manette destinée à serrer et à desserrer ces manchons.

Sur les deux tubes de liaison du cadre sont fixées, du côté où se trouvent les biseaux et à 10 centimètres du centre de ces biseaux, deux bagues coniques sur lesquelles les manchons de serrage viennent se maintenir quand on découvre les biseaux pour le pliage.

Le pivot de pliage se compose de deux parties : la partie femelle et la partie mâle.

Les deux parties sont fixées au moyen de raccords en fonte d'acier : la partie femelle sur le côté droit du tube inférieur de liaison, la partie mâle sur le côté droit du tube supérieur de liaison.

Le pivot de la partie mâle est engagé dans la partie femelle, où il est fixé, et dans laquelle il peut se mouvoir au moyen d'un système monté à billes, analogue aux directions de bicyclettes.

L'axe du pivot de pliage est disposé sur la perpendiculaire élevée sur le milieu de la ligne réunissant les deux axes des roues lorsque la roues d'avant a fait un demi-tour complet sur sa direction, c'est-à-dire est tournée dans une direction diamétralement opposée à celle de la marche.

Lorsque la roue d'avant est ainsi retournée, les deux axes des roues sont à 89 centimètres l'un de l'autre.

Cette disposition a pour but de faire reposer, dans le pliage, la pédale droite sur le bandage de la roue avant, du côté opposé au garde-boue.

3° Le *Tube cintré*, qui suit extérieurement la circonférence de la roue arrière. Ce tube a un diamètre de 28 millimètres ; il est brasé, à l'une de ses extrémités, à la boîte du pédalier qui porte le mouvement de transmission.

L'axe de la boîte du pédalier est à 27 centimètres au-dessus du sol lorsque les roues sont montées sur le cadre, les pneumatiques gonflés à bloc et ne supportant que le poids de l'homme.

A 25 centimètres 5 au-dessus du milieu du raccord du tube inférieur de liaison est fixé, sur le tube cintré, un collier que traverse un petit frein à vis, muni à sa partie supérieure d'un petit volant et, à sa partie inférieure, d'un patin en tôle d'acier.

Entre le frein et le raccord supérieur du tube de liaison est fixé un anneau en forme de D pour le passage de la bretelle de suspension du côté gauche.

4° La *Fourche reliant le pédalier au centre de la roue*. Elle se compose de deux tubes ovales de 33 centimètres de longueur, brasés sur le pédalier et portant à leur extrémité des pattes ouvertes en acier étampé pour le passage de l'axe du moyeu de la roue arrière.

A la partie supérieure de ces pattes sont pratiqués deux trous taraudés qui servent à les réunir à la fourche arrière du cadre.

5° La *fourche arrière* se compose de deux tubes et d'une entretoise portant en son milieu un collier dans lequel vient s'engager l'extrémité supérieure du tube cintré. Ce collier, fendu sur les deux côtés, porte quatre oreilles taraudées servant, au moyen de deux vis à six pans, à maintenir par serrage le collier sur le tube cintré.

Par l'extrémité supérieure des tubes de la fourche, s'engage la tige de selle en forme d'U renversé.

Deux colliers de serrage faisant partie de l'entretoise de la fourche permettent de maintenir, au moyen de vis à manettes, la tige de selle à hauteur voulue.

6º La *Tige de selle* se compose de deux tubes capables de coulisser dans les tubes de la fourche arrière du cadre. Ils ont 30 centimètres de longueur et 16 millimètre de diamètre.

Ces deux tubes sont réunis par un joug en fonte d'acier portant en son centre un tube destiné à recevoir le collier de serrage de la selle.

7º La *Fourche avant* comporte deux fourreaux en tube ovalisé, légèrement cintrés aux extrémités.

Ils sont brasés sur une tête de fourche en tube d'acier embouti. La longueur des fourreaux est de 38 centimètres ; leur largeur à la tête de fourche, de 31 millimètres.

Sur la tête de fourche est brasé un tube de 18 centimètres de longueur et 27 millimètres de diamètre ; il est fileté à son extrémité supérieure et fendu de chaque côté, à la même extrémité, sur une longueur de 23 millimètres. Le fond de ces fentes doit être au-dessus de l'écrou de serrage de la direction mis en place.

Le filetage du tube est destiné à recevoir l'écrou lisse à trou du réglage de la direction.

Le tube de la fourche est fixé dans le tube de la direction du cadre par un système de roulement à bille comprenant deux cônes et deux cuvettes en acier cémenté ; les billes sont du diamètre de 4 millimètres.

Au-dessus de la cuvette supérieure est fixé un écrou moleté extérieurement et taraudé à l'intérieur au même pas que le filetage du tube de la direction.

Au-dessus de cet écrou molleté se place le collier de serrage de la direction ; ce collier est muni d'une vis à manette analogue à celle des manchons de serrage du pliage de la fourche arrière du cadre.

Sur le côté gauche du collier se trouve un cran dans lequel vient s'engager l'ergot du collier de réglage en hauteur du guidon. Sur le côté droit, qui est renforcé par une épaisseur de 3 millimètres, se place une vis qui traverse le collier et s'engage par son extrémité dans un trou ménagé dans le tube de la direction. Cette vis a pour effet d'empêcher le collier de tourner sur son axe.

Sur le côté droit de la fourche est fixée, au moyen de deux vis, une bride en acier qui porte extérieurement un anneau ayant **26** millimètres de diamètre intérieur et qui est destiné à recevoir le guidon lorsque la bicyclette est pliée.

8° Le *Guidon* est formé d'un tube plongeur de **24** millimètres de diamètre et **18** centimètres de longueur. Il est brasé dans un raccord en acier que traversent les branches du guidon. L'extrémité de ces branches est légèrement relevée. Le développement total des branches est de **64** centimètres.

Sous la branche droite est fixé, au moyen d'un collier de serrage, le levier de manœuvre du frein. Son extrémité s'engage dans le tube plongeur du guidon « côté droit » par une fenêtre longue de **32** millimètres. L'extrémité du levier du frein vient prendre contact avec la vis à tête moletée vissée dans la tige-tube du frein logé dans la direction.

A l'extrémité des branches du guidon est fixée une rondelle débordant de 2 millimètres.

Les poignées sont formées par un enroulement de corde à fouet sur une longueur de 10 centimètres.

9° Le *Frein* est logé à l'intérieur de la direction. Il comporte une tige-tube autour de laquelle est enroulé un ressort à boudin qui prend appui, d'une part, sur une rondelle vissée dans la tête de la fourche, et, d'autre part, sur une rondelle vissée à l'extrémité opposée de la tige-tube.

Cette tige, taraudée à l'intérieur, reçoit une vis filetée et à tête moletée longue de 11 centimètres ; elle est destinée à faire varier à volonté la hauteur du frein d'après la hauteur du guidon.

L'extrémité du levier est en contact constant avec le dessus de la tête moletée.

§ 2. — *Les Roues.*

Les roues sont montées sur des moyeux à billes de 6 millimètres de diamètre.

L'axe de la roue avant est de 11 centimètres

de longueur ; son diamètre est de 9 millimètres.

Les joues du moyeu avant sont espacées de
6 centimètres.

Cette roue est munie de 36 rayons tengents
de 2 millimètres renforcés aux deux extrémités.

L'axe de la roue arrière a une longueur de
12 centimètres et un diamètre de 10 millimètres.

Le roulement du côté gauche est rentré à
l'intérieur du moyeu.

L'espacement des joues est de 6 centimètres ;
la roue est munie de 40 rayons tengents de
2 millimètres renforcés aux deux extrémités.

Le côté droit du moyeu porte le petit pignon
de 9 dents, vissé sur le moyeu et maintenu par
un contre-écrou suivant la ligne de chaîne.

La ligne de chaîne passe à 4 centimètres et
demi du centre du moyeu.

Les deux moyeux sont munis de graisseurs.

Les deux roues sont munies de jantes en acier
pour pneumatiques à talons « système Michelin », en para pur, et de chambres à air indé-
gonflables Lacroix ou de chambres à air inter-
rompues du système Michelin également en para
pur.

Le diamètre des roues est de 65 centimètres.

Le diamètre de la coupe des bandages pneumatiques est du type 65 × 40.

Sur le côté gauche de la roue arrière est fixé

un cercle métallique qui réunit les croisements des rayons. C'est à ce cercle métallique que s'attachent les porte-mousquetons de bretelles lorsque la bicyclette est mise au dos.

§ 3. — *Mouvement de transmission.*

Le mouvement de transmission comporte :

1° Le *Pédalier*, maintenu dans la boîte de pédalier du cadre ; le pédalier est formé de deux roulements à billes, déterminés par le diamètre des billes qui est de 8 millimètres.

L'arbre du pédalier est de 16 millimètres de diamètre ; la longueur, de 14 centim. 4 millim. :

2° Les manivelles, clavetées sur l'arbre du pédalier aux deux extrémités, sont en acier étampé ; elles sont de 165 millimètres de longueur, de l'axe du pédalier à l'axe de la pédale ; les pédales sont du modèle dit *à scies ;*

3° Le grand pignon, étoilé de 23 dents, est brasé sur la manivelle de droite, avec laquelle il fait corps ;

4° La chaîne est à doubles rouleaux, au pas de 24 millimètres ; la largeur des maillons est de 4 millimètres.

Garde-boue. — Les garde-boue sont en cuir verni sur les deux faces. Le garde-boue avant a une longueur de 60 centimètres et une largeur de 5 centimètres et demi ; il s'attache à la tête de fourche au moyen d'une pièce en acier rivée sur le garde-boue.

Il est maintenu dans sa forme au moyen d'une baleine en acier fixée sur la partie antérieure et d'une tige d'acier qui se fixe aux deux extrémités de l'axe du moyeu avant.

Le garde-boue arrière est semblable au garde-boue avant, avec cette différence que la baleine en acier s'engage par une fenêtre *ad hoc* dans le bouchon métallique qui termine le tube cintré du cadre, sous la selle. La partie centrale du garde-boue qui suit le tube cintré a une longueur de 65 centimètres et une largeur de 5 centimètres et demi. Il est attaché au tube cintré par un lacet.

§ 4. — *La Selle.*

La selle en cuir est du modèle dit *à quatre fils ;* elle est munie de son collier de serrage qui sert à la fixer sur la tige de la selle en U.

§ 5. — *Les Bretelles de suspension.*

Les bretelles de suspension sont en cuir de vache fauve présentant une épaisseur de 2 millimètres 1/2 à 3 millimètres. Elles portent à l'une des extrémités deux boutonnières munies d'un double bouton en cuivre nickelé et, à l'autre extrémité, une boucle carrée en acier nickelé servant à l'ajustage des bretelles.

La longueur des bretelles développée est de 90 centimètres ; sa plus grande largeur, de la deuxième boutonnière à 16 centimètres de cette boutonnière, est de 5 centimètres.

A partir du quarantième centimètre, la bretelle n'a plus qu'une largeur de 23 millimètres ; les deux largeurs se raccordent par une coupe convenable.

Chaque bretelle montée porte à son extrémité un porte-mousqueton en acier nickelé.

Une patte en cuir de 8 centimètres de longueur sur 24 millimètres de largeur porte, cousu à l'une de ses extrémités, un anneau en acier de 4 millimètres de diamètre, et, à l'autre extrémité, deux boutonnières et un bouton en cuivre nickelé.

§ 6. — *Accessoires.*

Les accessoires de la bicyclette comportent :

1° Une sacoche en cuir fauve contenant :

a) Une pompe avec son raccord ;

b) Une burette à huile ;

c) Un nécessaire à réparations de pneumatiques ;

d) Une clef à molette ;

e) Une clef pour le réglage de la direction, du pédalier et des moyeux.

La sacoche contenant les accessoires doit être attachée sur le tube supérieur du cadre, côté gauche de la bicyclette et près de la direction.

Paris. — Imp. A. Le Normand, rue St-Guillaume, 24.

www.ingramcontent.com/pod-product-compliance
Ingram Content Group UK Ltd.
Pitfield, Milton Keynes, MK11 3LW, UK
UKHW031833170726
13836UKWH00004B/1666